VOYAGE EN EGYPTE

VOYAGE EN EGYPTE

DAVID ROBERTS

Dépôt légal : 1995
Photogravure : Coop-Offset
Composition : Dactyl France
Impression: Artegrafica SpA - Verona - Italie

Sommaire

Illustration : Gilbert Raffin d'après David Roberts

KARNAK
LOUXOR
KÖM
OMBO
ASSOUAN
DENDÉRAH
ESNA
EDFOU
PHILAE
THÈBES
ABYDOS
COLOSSES de MEMNON
MEMNONIUM
DEIR el-BAHARI
ABOU SIMBEL

INTRODUCTION

David Roberts, aujourd'hui célèbre pour ses lithographies sur l'Égypte, est né en 1796 à Stockbridge, un tout petit village du comté d'Édimbourg. D'origine très humble, — son père était cordonnier —, il mène la vie un peu terne de tous les enfants de sa condition. Très tôt, il doit gagner sa vie. A quatorze ans, il commence à travailler comme peintre en bâtiment. Précisons toutefois qu'il était assez courant de devoir manier le pinceau de l'artisan avant de pouvoir s'adonner à l'art pictural...bien d'autres artistes avant lui étaient passés par là. En fait, l'adolescent n'a pas choisi sans raison sa profession ; doué d'un joli coup de crayon, il avait fait parvenir quelques dessins au conservateur de l'Académie d'Édimbourg qui l'avait chaleureusement encouragé à continuer et lui avait conseillé de se diriger vers la décoration d'intérieur afin de pouvoir payer ses études.

Et voilà le jeune homme à la tâche, engagé pour rénover, selon la mode de l'époque, les murs d'un château, puis ceux d'une abbaye. C'est le règne du trompe-l'œil théâtral, des fausses boiseries et du faux marbre ; plus l'imitation est proche de la réalité et plus le peintre est apprécié. Dans le même temps, il s'inscrit aux Beaux Arts, où, deux fois par semaine, des cours du soir sont prodigués à des étudiants nécessiteux. Lors d'une visite des coulisses du Théâtre Royal d'Édimbourg, il tombe soudain en admiration devant les décors orientaux d'Aladin, authentique féerie populaire. Fasciné par la reproduction de Bagdad et de ses minarets, il décide de faire carrière dans le décor théâtral. Sept ans de peinture murale lui ont suffit pour parfaire sa technique. Il est alors engagé... dans un cirque où il réalise ses premiers grands décors. Puis, très vite, il décroche un contrat de collaborateur régulier au Théâtre Royal : il vient d'avoir vingt-deux ans. Il exercera aussi son métier de décorateur de 1816 à 1830, quatorze années durant lesquelles ses effets scéniques transporteront un public d'admirateurs de plus en plus attentionnés.

En 1824, David Roberts fait à Covent Garden la rencontre de Charles Dickens. Au faîte de la renommée, le prestigieux romancier lui confie le soin d'édifier les décors des "Grandes Espérances", pièce en quatre actes tirée de son œuvre. Le peintre et le romancier deviennent amis et ce dernier l'introduit dans l'intelligentsia londonienne. Roberts rencontre alors William Thackeray, l'auteur de "Barry Lindon" et surtout de la "Foire aux vanités" ainsi qu'un "paysagiste de renom", William Turner. Ce dernier, bien que plus âgé que lui, le prend en sympathie et lui conseille de voyager ; "c'est à l'étranger qu'on apprend la peinture" lui dit-il. Progressivement, David Roberts délaisse les décors de théâtre pour se consacrer à ce qu'il considère être un art plus honorable, la peinture de chevalet. Il expose même assez rapidement ses œuvres à l'Académie Royale, au British Institute et à Suffolk Street.

En 1831, suivant les conseils de son ami Turner, il se rend pour la première fois sur le continent et visite la France. Un an plus tard, il va en Espagne puis à Tanger où il est littéralement émerveillé par l'art islamique. A son retour, il fait exécuter par Louis Hague, à partir d'esquisses et d'aquarelles rapportées de son périple, des lithographies qui plaisent immédiatement au public londonien, lequel l'étiquette peintre topographique et architectural. Mais il faudra attendre 1838 pour le retrouver en Égypte où la magie d'un enchantement absolu le transporte. Durant près de dix ans, David Roberts avait peint des décors orientalisants imaginaires. Sur la terre égyptienne, son imaginaire devient réalité. Bien sûr, le peintre avait déjà admiré les expositions des œuvres d'autres voyageurs, comme Frederic Norden, Dominique Vivant Denon ou Giovanni Baptista Belzoni. Mais si d'après son ami et biographe, James Ballantine, Roberts rêvait de ce voyage depuis son enfance, le peintre n'en était pas moins parfaitement réaliste et il savait qu'un portfolio de lithographies sur l'Égypte et sur la Terre Sainte se vendrait très bien. Ainsi, le songe oriental de David Roberts n'est pas uniquement sentimental. Le peintre sait exactement ce qu'il vient chercher en Égypte : l'inspiration exotique. A dire vrai, il est en quête de rêves à vendre. Il s'y est donc rendu avec l'intention bien définie d'utiliser commercialement les dessins des monuments réalisés sur place. Il en reviendra avec 272 croquis, trois cahiers remplis d'esquisses et un panorama du Caire. Il avait en effet prévu que ces ébauches lui serviraient de matériaux sa vie durant.

Il embarque à Londres en août 1838 sur un vaisseau encombré de pèlerins en partance pour la Mecque. Il arrive à Alexandrie muni d'une lettre d'introduction du Foreign Office à l'intention du consul d'Alexandrie grâce à qui il obtient des firmans (1) pour voyager à travers les provinces, ainsi qu'une lettre d'introduction pour l'homme fort de l'Égypte, le pacha Méhémet Ali. Il était alors impossible de ne pas avoir recours aux missions diplomatiques ; généralement les visiteurs de marque étaient invités à y séjourner, le dispositif hôtelier étant pratiquement inexistant. Le voyageur qui ne trouvait pas à se loger à son ambassade ou à son consulat demandait l'hospitalité dans les monastères. A peine débarqué à Alexandrie, David Roberts se met à l'œuvre. Deux jours plus tard, il est au Caire et sans perdre de temps, il organise sa remontée du Nil. A raison de 15 livres par mois, il loue une "dahabieh", embarcation avec cabine, qui lui servira à la fois d'habitation et de mode de transport. Anecdote hygiénique et cocasse tout à la fois, il coule son bateau et le laisse plusieurs jours sous l'eau pour le débarrasser... des rats. "Conclu un accord avec le capitaine de notre bateau, écrit-il dans son carnet de voyage : trois mois pour remonter le Nil jusqu'à la première cataracte, voyage qui me coûtera quinze livres soit mille trois cent piastres par mois". L'Égypte, alors gouvernée par le pacha Méhémet Ali, vit une période de stabilité politique dont profitent les touristes qui viennent de plus en plus nombreux grâce au développement des bateaux à vapeur.

(1) - Firman : équivalant à une sorte de passeport, valable au sein de l'Empire ottoman (...).

Une fois installé sur sa cange, il n'y a plus qu'à se laisser emporter par le charme. Effectivement, de tous les éblouissements procurés par l'Égypte, le plus grand est peut-être le Nil. Paradoxe saisissant, fils de l'Écosse et de ses ciels de suie , David Roberts devient le peintre éternel du fleuve-dieu. Quel étonnant parcours en effet que celui de ce gentleman élégant et discret, bel homme de surcroît, pris d'un authentique vertige devant la civilisation égyptienne. Il reçoit tout à la fois le choc de la lumière que répand le ciel, le choc des couleurs de la rue et celui du gigantisme pharaonique. Il prend plaisir à se sentir glisser sur ce vaste et paisible fleuve, sous ce ciel immense et calme, comme dans une gondole sur une lagune imaginaire... et puis l'aspect du Nil n'a rien de monotone : son image change à chaque heure du jour, réfléchissant toutes les teintes, toutes les phases de la lumière ; il varie comme elle, "revêt successivement toutes les couleurs du prisme, étoiles au firmament, se déroule comme un long drap mortuaire semé de larmes d'argent". A l'aube, il sort à peu près des ténèbres : d'abord d'un gris perlé, il prend bientôt les tons rosés de l'aurore. "A midi, le regard rêveur trouve toujours quelque objet qui l'arrête : c'est une file de chameaux qui se dessinent sur le ciel et nous donnent le plaisir de penser qu'ils avancent encore plus lentement que nous ; c'est un petit village qui se devine, minaret pointé, au détour du fleuve ; c'est un couvent copte comme posé dans la solitude. Ce sont aussi quelques felouques qui descendent ou traversent le Nil".

Bref, ces courtes observations et autres émotions éparses ne pouvaient être qu'enchantement et source d'inspiration pour le peintre. Mais le dépaysement n'est jamais exempt de vicissitudes quotidiennes comme il le note dans son journal : "Dévoré jusqu'au sang la nuit dernière par les moustiques, impossible de supporter la moustiquaire vu l'exiguité de la cabine. Suis allé me coucher les mains en feu, non seulement à cause des piqûres de moustiques, mais aussi, je crois, des morsures de ces grosses fourmis que l'on trouve partout". Lorsque les voyageurs quittent leur embarcation pour visiter quelques temples vestiges à l'intérieur du pays, ils louent des ânes pour se transporter jusqu'aux ruines ; et parfois, ils croisent des arabes qui leur proposent d'acheter des ornements ou même des momies. En bons touristes, et David Roberts n'échappe pas à la règle, ils assistent aussi à l'incontournable danse du ventre des almées. Assez pudique sur ce sujet, Roberts se contente de noter "les attitudes les plus expressives que j'aie jamais admirées". Et quelques jours plus tard, il écrit encore : "Si Louxor m'a frappé par son gigantisme, que dire de Karnak ? C'est tellement au-delà de tout ce que j'ai jamais vu que je n'arrive même pas à concevoir une comparaison".

Il peint, des journées durant, en plein soleil, abrité sous un grand parasol, malgré une chaleur étouffante qui l'épuise. Sur l'autre rive, c'est-à-dire dans la chaîne lybique, sont enfouis, plus ou moins profondément, les tombeaux des rois, des reines et des nobles. "Tous ces peuples, dit Diodore de Sicile, regardant la durée de la vie comme un temps très court et de peu d'importance, font au contraire beaucoup d'attention à la longue mémoire que la vertu laisse après elle : c'est pourquoi ils appellent les maisons des vivants des hôtelleries par lesquelles on ne fait que passer, mais ils donnent le nom de demeures éternelles aux tombeaux des morts, d'où l'on ne sort plus. Ainsi, les rois ont été comme indifférents sur la construction de leurs palais, et ils se sont épuisés dans la construction de leurs tombeaux. Quelle architecture singulière que celle de ces palais funèbres et le plus souvent troglodytes". De tous ces lieux de ténèbres, les noms de Ramsès, Touthmôsis, Toutânhkamon, Aménophis résonnent auprès de David Roberts comme autant d'histoires magiques. Avant de partir, Roberts s'était bien documenté. Outre les diverses expositions où il s'était rendu pour admirer les reproductions graphiques de ses prédécesseurs et les vestiges rapportés, il avait lu tout ce que d'autres voyageurs, avant lui, avaient écrit. Parmi ceux-ci, les récits de Belzoni et de Wilkinson.

Et comment n'aurait-il pas été impressionné par la description du grand temple d'Abou Simbel faite dix années auparavant par Jean-François Champollion. "Le temple vaut à lui seul le voyage de Nubie : c'est une merveille qui serait une fort belle chose même à Thèbes. Le travail que cette excavation a coûté effraie l'imagination. La façade est décorée de quatre colosses assis, n'ayant pas moins de soixante et un pieds (1) de hauteur. Tous quatre, d'un superbe travail, représentent Ramsès le Grand ; leurs faces sont portraits, et ressemblent parfaitement aux figures de ce roi qui sont à Memphis, à Thèbes et partout ailleurs. C'est un ouvrage digne de toute admiration. Telle est l'entrée ; l'intérieur en est tout à fait digne, mais c'est une rude entreprise que de le visiter". Mais on ne pourra plus jamais regarder ce temple-monument sans se référer définitivement aux aquarelles de David Roberts, à ses qualités d'observa-

(1) - Un pied = 30 cm environ.

tion et d'exécution, en un mot à son génie. Tout ce qui avait été fait jusque-là — il le savait — serait surpassé par la particularité de son talent. C'est dans cet esprit plus pratique que romantique qu'il entreprend de croquer systématiquement chaque site. Sûr de lui et du succès qu'il remportera, il amasse les croquis, convaincu que son portfolio serait "le plus intéressant à avoir jamais quitté le pays". Après son long périple sur le Nil, il revient au Caire où il s'installe dans une maison louée. Là, il entreprend de peindre des scènes de rue, s'attardant autant sur les autochtones que sur l'architecture des constructions. Grâce à un firman spécial, il peut installer son chevalet à l'intérieur même des mosquées. "Ce matin, visite du consul qui m'informe que si je veux pénétrer dans les différentes mosquées et encore plus en faire des dessins, il me faut endosser la tenue turque ; j'ai donc acheté un costume complet aujourd'hui, et demain il me faudra me séparer de mes favoris — c'est trop bête, mais je n'ai pas accompli un si long voyage pour me formaliser à propos de vétilles". Pour ne pas heurter les esprits, il s'abstient même d'utiliser des pinceaux en poils de sanglier, le porc était considéré par les musulmans comme un animal impur. Roberts passe six semaines au Caire. Il dessine sans cesse, mais cela ne l'empêche pas de mener une vie relativement mondaine.

En février 1839, il quitte l'Égypte pour la Terre Sainte, escorté par quinze bédouins et flanqué de vingt-et-un chameaux. Ils marchent du lever du soleil jusqu'à cinq heures du soir. Roberts prenait à peine le temps de se reposer avant de se remettre au travail. Après avoir séjourné dans le Sinaï au monastère de Sainte-Catherine et admiré les ruines de la cité nabatéenne Petra, il se rend à Jérusalem puis à Baalbek. La fièvre qu'il contracte l'empêchera de continuer plus avant et de découvrir Damas et surtout Palmyre.

De retour à Londres, Roberts retravaille méticuleusement chaque aquarelle avant de la confier à Louis Hague chargé d'exécuter ses lithographies. L'exposition des originaux remporte un succès considérable et David Roberts, consécration attendue, est élu membre de l'Académie Royale. Louis Hague qui était le fils d'un architecte avait, très jeune, appris le dessin auprès de son père avant de prendre des cours à l'Académie puis de travailler l'aquarelle et la lithographie avec un émigré français, le chevalier de la Barrière. Quoique déjà fort connu en tant que spécialiste de vues topographiques, Hague accomplira le chef-d'œuvre de sa carrière de lithographe avec la reproduction des aquarelles de David Roberts sur le Moyen-Orient et la Terre Sainte. Toute une équipe va travailler à l'élaboration des pierres lithographiques, auxquelles le peintre apportera la touche du maître. Grâce à l'excellent travail lithographique de Louis Hague, (ils auront publié six grands volumes pour un ensemble de 247 lithographies "Views in the Holy Land, Syria, Idumia, Arabia, Egypt and Nubia"), David Roberts a acquis une réputation mondiale. Son talent ainsi que son charme résident dans la manière spectaculaire dont il a réussi à transmettre le gigantisme des monuments et des sites rencontrés. Son principe reste simple. De façon caractéristique , de petits groupes de personnages servent de prétexte pour mieux souligner l'environnement architectural.

Son œuvre prolifique se présente comme un chemin de gloire. En saisissant "l'insaisissable", en peignant les foules locales, face à l'immensité des monuments, il ne pouvait pas mieux illustrer sa formule : "Nous sommes un peuple de nains visitant une nation de géants".

Jean-Claude Simoën

L'AIGUILLE de CLÉOPÂTRE

David Roberts débarque à Alexandrie le 24 septembre 1838. Il en repart le matin du 27 septembre pour une remontée du Nil qui le conduira jusqu'en Nubie. L'obélisque, appelé alors "aiguille de Cléopâtre" a été le premier monument égyptien qui a suffisamment retenu son attention pour qu'il nous en laisse cette vue. Dans son Journal, Roberts marque un certain dégoût pour la population grouillante de la ville remplie d'esclaves des deux sexes et une certaine déception face à l'amoncellement informe des ruines d'une cité dont les voyageurs antiques avaient célébré la beauté. Il n'en a pas moins rendu le charme abandonné, dans cette vue pour nous chargée de nostalgie quand on retrouve ce même lieu recouvert d'immeubles modernes, eux aussi déjà si décrépits qu'on les croirait proches de la ruine.

Cet obélisque attribué à Cléopâtre avait, en réalité, été érigé à Héliopolis par Thoutmosis III, pour marquer son troisième jubilé, vers 1460 av. J-C. Il a été transporté à Alexandrie, sans doute sur l'ordre de César, avec son pendant, aussi dédié par Thoutmosis III et qu'on voit au sol dans le dessin. L'obélisque couché avait reçu en 1801 une plaque de bronze destinée à commémorer la victoire de la flotte britannique sur les Français à Aboukir en 1799. Il fut finalement transporté à Londres et dressé sur le "Victoria Embankment" en 1878 tandis que l'aiguille de Cléopâtre était offerte par le khédive aux États-Unis à l'occasion de l'inauguration du canal de Suez en 1869. Elle a été installée dans Central Park, à New York, en 1881.

Obelisk at Alexandria commonly called Cleopatra's needle.

Les PYRAMIDES de GIZEH

Vue depuis le Nil

Roberts aperçut les pyramides lors de sa remontée du Nil, le 30 septembre. Ce n'est cependant qu'au retour de son voyage en Haute Égypte, au début de janvier 1839, qu'il séjourna au Caire et peignit cette vue des pyramides. Le voyageur moderne qui traverse la populeuse Gizeh qui s'étend entre la rive gauche du Nil et le plateau libyque au bord duquel sont construites les trois pyramides, a quelque mal à imaginer qu'il fut un temps où le Nil, lors de la crue, débordait jusqu'à proximité des monuments. Le premier barrage, construit près d'Assouan par les Anglais entre 1899 et 1902, régulant la crue, a modifié tout le paysage égyptien. Ainsi s'explique mieux le transport des lourdes pierres qui ont servi à leur construction, l'essentiel du parcours s'effectuant alors sur le fleuve, à l'aide de radeaux.

Il en était encore ainsi à l'époque où les vit Roberts. Gizeh n'était qu'une insignifiante bourgade et pour y parvenir depuis le Caire, on traversait le Nil sur des dahabieh ou un bac qui partait du lieu où l'on voit ces Égyptiens, installés là en attendant son retour.

La première des pyramides visibles dans cette gravure est celle de Chéops. Bien qu'elle soit sensiblement la plus haute des trois, la perspective l'a toujours fait paraître plus petite que celle de Chéphren que l'on reconnaît derrière grâce aux parties de son revêtement originel qui subsistent vers le sommet. En troisième position, la pyramide de Mykérinos derrière laquelle se profile la plus méridionale des trois petites pyramides, non identifiées, construites en retrait. Enfin, devant Chéops et Chéphren, les trois petites pyramides dites des Reines.

Le "*SIMOUN*" dans le DÉSERT

Somptueuse composition qui nous donne le sentiment de la violence de ce vent du désert. Ces "coups" de Simoun sont généralement assez brefs : ils durent moins d'une demi-heure, mais peuvent être particulièrement violents. Un autre vent du désert, similaire au Simoun, est celui que les Égyptiens appellent *khamsin* (terme arabe qui signifie "cinq") parce qu'il souffle parfois pendant près de cinq jours, mais plus généralement deux ou trois jours. Ces vents brûlants dessèchent la gorge, assoiffent, projettent avec une violence inouïe les sables du Sahara sur la vallée du Nil, jusque dans le Delta. Les sables ainsi emportés obscurcissent le ciel qui peut devenir noir ou rouge lorsque le soleil est bas sur l'horizon. Dans le désert même, il déplace des dunes hautes comme des collines, renverse hommes et animaux restés debout et peut fort bien ensevelir des dromadaires couchés.

Roberts ne s'est jamais engagé profondément dans le désert lors de son voyage en Égypte, mais il n'est pas besoin d'y pénétrer pour subir le souffle du *khamsin*. On le voit ici sur le plateau de Gizeh. On reconnaît, au premier plan, la tête du sphinx et, en retrait, la pyramide de Mykérinos : les trois petites pyramides sur la gauche sont celles dites des Reines. L'effet d'étouffement dans le rougeoiement du soleil couchant est admirablement rendu. Les bédouins, surpris avec leurs animaux par la tempête, font, en hâte, coucher leurs chameaux tandis que ceux qui avaient commencé à dresser leur tente s'attachent désespérément aux cordages pour la retenir. C'est là une belle scène prise sur le vif qui évoque la dureté et la précarité de la vie dans le désert. Néanmoins, on doit faire la part de la fantaisie du peintre : ici, le soleil se couche au sud, la pyramide de Mykérinos est trop proche et les trois petites pyramides trop éloignées de cette dernière ; en réalité, du point où était placé le peintre, elles n'auraient pas été visibles.

TÊTE du GRAND SPHINX et PYRAMIDES de GIZEH

C'est par les vents érodants du désert tout chargés de sable, en particulier le *khamsin*, que le sphinx a lentement été rongé et périodiquement enseveli. Il convient néanmoins de préciser que les dégradations de sa tête sont avant tout dues aux Mamelouks qui l'avaient prise pour cible lors d'exercices de tir au canon... Lion à tête humaine (celui de Gizeh serait un portrait du pharaon Chéphren), il est le gardien de la nécropole. Nous savons, par des documents ultérieurs à sa construction (de la XVIIIe dynastie) qu'il était considéré comme l'image de Rê-Harmakhis (Horus dans l'Horizon), ce qui en fait un symbole solaire.

Érigé en même temps que la pyramide de Chéphren, sous la IVe dynastie, près de vingt-cinq siècles avant notre ère, il a été à plusieurs reprises dégagé des sables qui menaçaient de le faire disparaître. Au milieu du siècle dernier ne surgissait plus que la tête. Il commença à être désensablé par Mariette après 1860 mais les travaux ne furent réellement entrepris et menés à terme qu'en 1925.

Taillé dans le roc, sa longueur est de 57 m et sa hauteur de 20 m. Sa face elle-même mesure 5 m et son seul nez 1,70 m!

Les travaux de dégagement et de consolidation ont aussi permis de mettre au jour une stèle de granit fixée entre ses pattes antérieures. Elle y a été placée par le pharaon Thoutmosis IV ; selon le texte hiéroglyphique, le roi nous apprend que lorsqu'il était encore prince, il s'endormit au pied du monument alors qu'on était au milieu du jour et reçut en songe la visite de son "père Harmakhis-Khepri-Rê-Atum" qui lui promit le trône à condition qu'il retire le sable qui l'avait enseveli presque entièrement. Ainsi fit-il et règna-t-il une vingtaine d'années.

ENTRÉE des TOMBES de BÉNI HASSAN

Situées en Moyenne Égypte, les tombes de Béni Hassan sont aménagées non pas du côté de l'occident, comme dans les nécropoles de l'Ancien et du Nouvel Empire, mais du côté du Levant, dans le flanc de la falaise orientale. Dans son Journal, David Roberts appelle "grottes" ces tombes rupestres. Elles sont entièrement creusées par la main de l'homme et les plus belles sont pourvues de portiques comme on le voit sur cette gravure. Elles datent toutes du Moyen Empire, de la fin de la XIe dynastie et de la XIIe. C'étaient les hypogées des princes (gouverneurs) du nome de l'Oryx (ou de la Gazelle), au début du IIe millénaire avant notre ère.

Celle qu'a choisi de peindre Roberts, l'une des plus remarquables, a été aménagée pour un monarque du nom d'Amménémès, nom courant à l'époque porté par plusieurs pharaons de la XIIe dynastie, nommé par son diminutif d'Améni. Il fut enseveli avec son épouse Hotepit, prêtresse de la déesse Hathor. Les deux colonnes de la façade, cannelées et pourvues d'un chapiteau simple, sont dites "proto-doriques" par référence au style grec dit dorique qui n'apparaît qu'une quinzaine de siècles plus tard.

Le linteau et les jambages de la porte sont couverts d'inscriptions hiéroglyphiques esquissées par le peintre. Une partie est consacrée à une autobiographie dans laquelle le mort fait son propre éloge. A l'intérieur, les parois des tombes sont couvertes de représentations de la vie quotidienne des Égyptiens il y a quatre mille ans, ainsi que des représentations de scènes religieuses et funéraires.

Entrance to the Caves of Beni Hasan.
David Roberts R.A. L. Haghe Lith

ASSIOUT, RUINES de MOSQUÉE avec son MINARET

Les touristes ne s'arrêtent plus guère à Assiout, et c'est dommage. Il est vrai que la ville moderne, grande et banale, ne cache que peu de trésors, anciennes mosquées, des bains, mais sa nécropole, située à l'ouest, vers la falaise occidentale, a rendu de riches tombes des IXe, X^{e} et XIIe dynasties. Dans l'une d'entre elles a été trouvé un modèle représentant des soldats en marche, particulièrement célèbre, et que peuvent admirer tous les visiteurs du musée du Caire.

Dans la haute Antiquité, la ville appelée Siâout, était la capitale du XIIIe nome (province) de Haute Égypte, rivale de Thèbes avant que celle-ci ne triomphe avec les pharaons du Moyen Empire. Elle ne perdit pas son importance sous la dynastie des Ptolémées (fin IVe-fin I^{e} s. av. J-C.) où elle reçut le nom grec de Lycopolis (Cité du loup) par référence à sa divinité tutélaire Wapwaet "l'Ouvreur du Chemin", dieu des nécropoles représenté avec une tête de chien-loup. Elle devint, à l'époque arabe, la capitale de la haute et moyenne Égypte.

A l'époque où y vint Roberts, elle n'avait rien perdu de son prestige et elle était encore la seconde ville d'Égypte après le Caire, avec une population d'une vingtaine de milliers d'habitants (qui a plus que décuplé depuis). Ville caravanière, située sur l'une des pistes les plus importantes, elle fut le plus grand marché d'esclaves de l'Égypte jusqu'au XVIIIe siècle. Sa nécropole musulmane, au nord de la nécropole antique, est la plus vaste de toute la vallée du Nil.

Les PYRAMIDES de DAHCHOUR et de SAKKARAH

L'intérêt de cette vue du Nil réside moins dans les pyramides entr'aperçues dans le lointain que dans l'embarcation située au premier plan. Selon ce que rapporte David Roberts dans son Journal, il s'agit d'un petit bateau destiné au transport d'esclaves, en l'occurrence des jeunes femmes ramenées du Kordofan, dans l'actuel Soudan, vers le haut Nil. Le trafiquant était un Grec "qui avait l'effronterie de se dire chrétien", écrit Roberts qui se montre très choqué du commerce des esclaves et se dit, par ailleurs, fier d'appartenir à une nation qui a depuis longtemps condamné cette coutume. Dépourvu de rames, le bateau était mû à la voile ou, plus souvent, se laissait glisser au fil du courant lors de la descente du fleuve. Les esclaves eux-mêmes, installés entre les bancs, ne pouvaient se coucher et dormaient assis, le front contre les genoux.

Les pyramides qu'on aperçoit dans le lointain sont, à gauche la "rhomboïdale" que Snéfrou, premier pharaon de la IVe dynastie se fit construire à Dahchour. De forme carrée, elle mesurait 185 m de côté à la base pour une hauteur d'environ 100 m. L'autre, au nord, est la première pyramide régulière, attribuée aussi à Snéfrou. D'une hauteur de plus de 104 m, elle mesurait à la base 221,50 x 218,50 m. Les autres, beaucoup plus petites et plus éloignées, sont situées à Sakkarah.

PORTIQUE du TEMPLE de DENDÉRAH

Avec le temple d'Edfou, celui de Dendérah est le mieux conservé de tous les monuments de la vallée du Nil. Sur cette aquarelle Roberts a fidèlement représenté le *pronaos* ou Grand Vestibule (qu'il appelle "portique") du temple consacré à la déesse Hathor. Le monument, situé sur la rive occidentale du Nil, à l'orée du désert, était partiellement enseveli par les sables, mais on peut voir dans la partie droite les murets d'entrecolonnement, caractéristiques des temples égyptiens de basse époque. Car sa construction a commencé sous les Ptolémées, à la fin du IIe siècle avant notre ère et n'a été arrêtée qu'au I^e s. de notre ère, sans avoir été entièrement achevée. La façade peinte par Roberts date de la première moitié du I^e siècle.

Tout dans le monument rappelait la déesse à laquelle il était consacré, tout était conçu pour la glorifier. Les quatre chapiteaux visibles ici sont dits "hathoriques", c'est-à-dire qu'ils représentent le visage de la déesse-vache Hathor aux multiples attributs, épouse d'Amon, puissance universelle qui se manifeste dans l'amour et préside à la naissance. Le fanatisme des premiers chrétiens est cause du martèlement des visages de la déesse, tout autant que de celui des figurations de nombreuses divinités à l'intérieur même du sanctuaire. Sur la gorge de la frise est peinte une magnifique représentation d'un disque solaire ailé flanqué des deux déesses serpent Nekhbet et Ouadjet. Elle domine la tête de la déesse, au centre de la frise, entourée de divinités et de porteurs d'offrandes.

Dendera Decr 7th 1838
David Roberts R.A.
L. Haghe Lith

SOUS le PORTIQUE du GRAND TEMPLE de DENDÉRAH

David Roberts s'est arrêté à Dendérah le 19 octobre où il passa la journée à prendre des mesures. Il nous fait part, dans son journal, de son enthousiasme devant l'admirable état de conservation du monument, et surtout le gigantesque travail fourni pour recouvrir pareillement toutes les surfaces, parois, colonnes, plafonds, de sculptures en creux, d'inscriptions hiéroglyphiques et de peintures appliquées sur les parties ainsi ornées.

Les salles du temple étaient déjà dégagées et accessibles. On aperçoit sur la droite une partie des murets d'entrecolonnement de la façade partiellement ensevelie qu'avait aussi peinte Roberts. A l'examen de cette gravure on ne peut qu'être frappé par la minutie et la rigueur avec laquelle l'artiste a reproduit les détails des scènes et des signes hiéroglyphiques, laissant vides les cartouches qui l'étaient, notant scrupuleusement les inscriptions de ceux qui en présentaient.

Ce vestibule de forme rectangulaire était divisé en sept nefs par deux groupes de trois colonnes sur trois autres colonnes de profondeur, dans la lignée des six colonnes de la façade : ainsi peut-on voir que l'artiste s'est placé au milieu de la travée centrale pour réaliser sa composition.

Ce temple est pourvu de cryptes, les unes étant intégrées dans les murs, les autres souterraines. Elles n'étaient alors pas accessibles et la terrasse du temple où s'élevaient d'autres petits monuments, et en particulier un "observatoire" astronomique d'où provient le célèbre zodiaque aujourd'hui au Louvre, était occupée par des cabanes arabes.

TEMPLE de KARNAK

Vue générale depuis l'ouest

Le temple de Karnak représente l'un des plus vastes champs de ruines au monde. La vision de ces énormes pylônes qui se succèdent, de ces salles hypostyles, de ces portes monumentales, avait laissé muets de stupeur les Français lors de l'expédition de Bonaparte. Roberts resta quatre jours dans le site, au milieu de ces ruines qui témoignent encore de la splendeur de Thèbes et de la richesse de l'Égypte pharaonique.

Thèbes devint la capitale de l'Égypte lorsque les princes de cette région unifièrent la vallée du Nil à leur profit et fondèrent ce qu'on appelle le Moyen Empire, à l'orée du second millénaire avant notre ère. Le premier temple fut érigé sous la plus puissante des dynasties de cette époque, la XIIe. Mais il n'était encore qu'un petit monument dont il ne subsiste que quelques vestiges datant de Sésostris 1er (vers 1950 av. J.-C.). Ce n'est qu'au Nouvel Empire, à partir du XVIe siècle avant notre ère, avec les grands rois conquérants de la XVIIIe dynastie et ensuite avec les premiers Ramsès, que les monuments vont proliférer dans l'enceinte sacrée.

La vue qu'a peinte Roberts est prise depuis la terrasse du temple de Khonsou, l'un des moins ruinés parmi les monuments de Karnak. Ancienne divinité lunaire d'origine préhistorique, Khonsou fut associé à Amon et considéré comme son fils, lorsque le clergé de Thèbes constitua une triade avec Amon. Il leur fut donné pour mère et épouse Mout, déesse vautour du bourg voisin d'Achérou.

David Roberts R. A.

KARNAK

Vue générale

On ne voit là qu'une partie des ruines du gigantesque ensemble constituant le temple d'Amon. On reconnaît sur la droite le temple même d'Amon avec la salle hypostyle et à gauche le temple de Khonsou, divinité lunaire de Karnak associée par la suite à Amon en tant que le fils qu'il aurait eu avec la déesse Mout. Ces deux temples étaient enfermés dans une vaste enceinte en briques crues, quadrangulaire, de 2 km 400 de pourtour, percée de huit portes monumentales en pierre, dont deux étaient les pylônes I et X. Dans le fond on distingue le cours du Nil et le massif de l'Assassif qui domine la nécropole thébaine, vers le couchant.

Le temple et son enceinte étaient reliés par une allée de sphinx au temple de Mout, dont le péribole enfermait aussi un lac sacré et deux temples consacrés l'un à Aménophis III et l'autre à Ramsès III. Montou, dieu guerrier à tête de faucon, patron de la région de Thèbes, possèdait aussi un temple enclos dans une enceinte tout près de celui d'Amon.

Cet ensemble de monuments gigantesques était entouré de magasins et des demeures des prêtres et des innombrables desservants des temples, scribes, serviteurs, esclaves, ce qui constituait un personnel très nombreux. Le temple lui-même possédait de nombreux biens, troupeaux, villages, jardins, champs, bateaux, dîmes versées par les sujets du temple, au total d'immenses richesses qui faisaient du clergé d'Amon un véritable État dans l'État.

Karnak.

HALL des COLONNES à KARNAK

C'est l'un des spectacles les plus impressionnants qui soit donné au voyageur d'Égypte que la salle aux colonnes, c'est-à-dire la salle hypostyle de Karnak. Après avoir passé le premier pylône et traversé la grande cour large de 103 m et profonde de 84 m, on passe le second pylône qui donne accès à la salle hypostyle. Dans le rectangle qu'elle constitue, d'une largeur de 102 m sur une profondeur de 53 m, cent trente-quatre gigantesques colonnes dressent vers le ciel leurs masses puissantes entièrement recouvertes de gravures en creux, selon un concept propre à l'Égypte et qui fait des temples de la vallée du Nil de véritables livres de pierre.

Les colonnes de la rangée centrale, plus hautes que les autres, sont couronnées par des chapiteaux en forme de papyrus (papyriformes) supportant des dés sur lesquels sont posées les massives architraves de pierre, à une hauteur de 23 m. La nef centrale ainsi formée est composée de douze colonnes réparties en deux rangées de six dans le prolongement des portes des pylônes. Les autres colonnes sont moins hautes et d'un diamètre moindre ; elles constituent huit nefs de part et d'autre de l'allée centrale.

On doit à ce pharaon grand constructeur que fut Aménophis III, l'édification du troisième pylône et des colonnes de l'allée centrale. Le travail fut achevé par Ramsès 1er (deuxième pylône), et Séthi 1er et son fils Ramsès II (les 122 autres colonnes de la salle hypostyle). Les travaux se sont ainsi étendus sur un siècle et demi, entrecoupés par de longues périodes d'arrêt (début du XIVe - milieu du XIIe s. av. J.-C.).

rnac. Nov 27. 1838
David Roberts

GRANDE SALLE HYPOSTYLE du TEMPLE de KARNAK

La vue "oblique" de cette fabuleuse salle hypostyle (p. 35), tout autant que cette autre vue de la nef centrale de cette même "salle", permet de prendre conscience de l'énormité des chapiteaux papyriformes. Dans leur partie supérieure ils atteignent 15 m de diamètre; on a calculé que cinquante personnes pourraient s'y tenir à l'aise. Ces vues permettent aussi de voir combien les peintures restaient encore vives il y a un siècle et demi, et l'on peut être effaré par la rapidité de leur ternissement lorsqu'on les compare à ce qu'il en reste à notre époque. Admirables aussi sont la précision et la conscience avec lesquelles Roberts a rendu les détails des personnages et des hiéroglyphes représentés; ainsi, sur les deux premières colonnes de la représentation de la nef centrale, les cartouches de Ramsès II (de son nom complet Ousirmarê Setepenrê Miamon Ramsès) sont fidèlement reproduits ainsi que les rites d'offrande du roi à Amon, le dieu puissant à qui était dédié l'essentiel du temple.

Pour dresser de telles colonnes et travailler à leur sculpture, les Égyptiens effectuaient des levées de terre à mesure qu'étaient accumulés les tambours des colonnes, lesquels étaient ainsi traînés sur ces plans inclinés et mis facilement en place sans qu'il soit besoin de palans ou autres instruments de levée qui leur étaient inconnus parce qu'inutiles. Ainsi, dans sa phase finale de construction, le temple n'apparaissait plus que sous l'aspect d'une colline artificielle aux flancs très obliques. Les artistes ne commençaient à travailler que lorsqu'étaient placés les chapiteaux et les travées de couverture en pierre: ils étaient ainsi de plain-pied avec le support. Le remplissage du terre-plein, fait de sable et de caillasse, était ensuite retiré au fur et à mesure de la progression du travail de sculpture et de peinture commencé par le haut.

RUINES de LOUXOR

Vue du sud-ouest

Ce n'est qu'au retour du voyage en Nubie que David Roberts exécuta cette vue du temple de Louxor, le 26 novembre. Il est difficile de savoir précisément où se trouvait l'artiste lorsqu'il a fait cette peinture. On a pensé qu'il était sur son embarcation vers un coude du Nil, mais il n'y a actuellement aucune courbe du fleuve d'où l'on peut avoir une telle vision du temple. Il semblerait plutôt qu'il se trouvait sur un canal, recouvert depuis. On distingue dans le fond le massif de l'Assassif qui domine la nécropole thébaine.

On reconnaît les hautes colonnes de la salle des processions d'Aménophis III, au sud, et au nord (à droite du dessin) la silhouette massive du pylône de Ramsès II, barrée par le minaret de la mosquée d'Abu al-Haggag.

Au premier plan, un paysan se repose auprès d'un chadouf. Il s'agit d'un système à balancier par lequel on puisait l'eau du Nil dans de grandes outres qu'on reversait ensuite dans des canaux pour irriguer les champs avec un minimum d'efforts. Ce système d'élévation de l'eau a été remplacé par les noriah dès le Moyen Âge, et à notre époque par les pompes à moteur. Le chadouf lui-même est connu en Égypte depuis au moins le Nouvel Empire, comme en témoignent des peintures de tombes.

GRANDE ENTRÉE du TEMPLE de LOUXOR

Lorsque Roberts visita Louxor, les ruines du temple étaient partiellement ensevelies et remplies de maisons arabes en terre où vivait toute une population misérable, comme dans notre Moyen Âge où l'on s'était installé dans les ruines des monuments romains. On reconnaît devant la partie droite du pylône ces pigeonniers monumentaux en terre qu'on rencontre encore couramment dans les campagnes égyptiennes. Ce n'est qu'à partir de 1883 que Gaston Maspéro, successeur d'Auguste Mariette à la tête des Antiquités de l'Égypte, entreprit de faire déblayer le monument, tâche qui fut poursuivie par ses successeurs. Néanmoins, la mosquée demeure curieusement perchée au-dessus d'une muraille, témoignant du niveau des terres accumulées dans l'édifice à l'époque où le peignit David Roberts.

Devant la partie gauche du pylône se dresse encore l'un des deux obélisques marqué des cartouches de Ramsès II.

Le temple lui-même présente une belle unité. Contrairement à celui de Karnak dont la construction s'est échelonnée sur plus d'un millénaire, celui de Louxor a été bâti pour sa plus grande partie sous le règne d'Aménophis III, au début du XIVe s. avant notre ère. Ramsès II, deux siècles plus tard, y a ajouté la grande cour à portique décentrée vers l'ouest et le pylône qui en constitue l'entrée actuelle. Nectanébo, au IVe s. av. J.-C. fit ériger en avant une enceinte d'où partait l'allée de sphinx qui reliait ce temple à celui de Karnak.

OBÉLISQUE de LOUXOR

Voici une vue de biais du pylône du temple de Louxor et de l'obélisque de Ramsès II. Les deux colosses coiffés de la double couronne qui veillent à l'entrée du temple sont aussi ceux de Ramsès II.

Avec toujours le même soin, Roberts a reproduit les hiéroglyphes couvrant l'obélisque où l'on peut distinguer le cartouche de Ramsès II. Il y avait, à l'origine, deux obélisques disposés devant le pylône, de part et d'autre de la porte.

Son pendant, situé de l'autre côté de l'ouverture, avait déjà été offert à la France par Méhémet Ali en 1831. L'ingénieur naval Jean-Baptiste Lebas avait été chargé de ce transport délicat. Il avait été secondé par une équipe de cent quatre-vingt-dix ouvriers qui chargèrent le monument sur un bateau spécialement conçu pour ce transport et justement appelé le "Louxor". Amené par mer jusqu'à Toulon, il parvint à Paris en 1833 mais ne fut dressé sur la place de la Concorde que le 25 octobre 1836. C'est le premier obélisque qui a quitté l'Égypte dans les temps modernes pour être exposé dans une ville européenne.

Les RUINES de LOUXOR

Vue générale depuis le Nil

Scène sans doute classique du temple de Louxor avec les hautes et puissantes colonnes de la grande colonnade d'Aménophis III, mais combien admirablement conçue et exécutée !

Les touristes qui ont eu le bonheur de voir l'Égypte et de séjourner à Louxor pourront effectuer facilement une comparaison avec la vision actuelle : si le temple se dresse toujours le long du fleuve dans sa puissante majesté, les élégants dahabieh et autres bateaux qu'on voit ici ont été remplacés par les énormes paquebots du Nil qui viennent relâcher sur les quais maçonnés qui bordent le fleuve tout au long de l'avenue de la moderne Louxor, bordée d'immeubles récents. Bien du charme qui émane de cette vision d'un autre siècle a été détruit par un modernisme brutal et agressif. On n'en appréciera que plus celui que nous a conservé David Roberts dans cette vision de rêve.

Les MONTAGNES LIBYQUES

Vue depuis le temple de Louxor

Cette vue peinte depuis la région de la mosquée d'Abu al-Haggag, nous donne une idée de l'état d'abandon d'une cité qui avait régné sur une partie du monde pendant plusieurs siècles et s'était enrichie des dépouilles de l'Afrique et de l'Asie. Les berges du fleuve, annuellement submergées par l'inondation, étaient laissées à l'abandon et seules de petites caravanes venaient chercher les marchandises débarquées des felouques.

Les personnages qu'on voit en train de grimper sur l'architrave occidentale donnent la mesure du diamètre des chapiteaux.

Au loin, sur la rive gauche du Nil, on reconnaît aisément les monuments de la nécropole thébaine. Sur la gauche on voit les ruines du temple de Ramsès III. Auprès fut construit le village de Médinet Habou qui a laissé son nom au site qui, dans l'antiquité pharaonique, s'appelait colline de Djémé. C'est là, selon la cosmologie thébaine, que se serait réalisée la création du monde. Derrière, Aménophis III avait fait construire un vaste ensemble palatial au milieu de jardins luxuriants et de bassins, qui devint sa résidence lors des dernières années de son règne. Au milieu on voit les deux colosses dits de Memnon, statues de ce même Aménophis III placées à l'entrée de son temple funéraire, entièrement disparu.

Au milieu, c'est le Ramesseum, le temple funéraire de Ramsès II dont il subsiste encore de belles ruines, et à l'extrémité les restes du temple funéraire de Séthi Ier, père de Ramsès II, à Gournah.

Lybian Chain of Mountains, from the Temple of Luxor

COLOSSES de MEMNON

C'est une belle composition pleine de charme que cette vue des statues colossales, au lever du soleil, au moment de l'inondation. La première de ces vues permet de voir comment elles apparaissaient lorsque le fleuve avait retrouvé son ancien cours. Les deux statues, placées chacune sur un socle de 2,30 m de haut, mesurent 15,60 m de hauteur.

Elles sont connues depuis l'antiquité gréco-romaine sous le nom de colosses de Memnon. Les Grecs et les Romains pensaient que ces statues figuraient le personnage mythique de Memnon, roi des Éthiopiens, venu au secours des Troyens assiégés par les Grecs. Il fut tué par Achille au cours d'un combat singulier. Sa mère était Eos, c'est-à-dire l'Aurore et, par un phénomène curieux, lors du lever du soleil, l'une des deux statues émettait un son modulé qu'on disait être un chant ou une lamentation du fils devant sa mère. Ce phénomène poétique a été prosaïquement expliqué par une dilatation de la pierre réchauffée par le soleil levant. A la fin du IIe siècle, l'empereur Septime Sévère ayant fait restaurer la statue, elle cessa de chanter.

Dès le Ier s. av. J-C., elles devinrent l'une des principales curiosités de l'Égypte. Car le tourisme dans la vallée du Nil, inauguré par les Grecs à l'époque d'Hérodote, au Ve s. av. J-C., se développa largement à l'époque romaine. Tous les riches Grecs et Romains (à condition qu'ils ne fussent pas sénateurs pour les Romains, Auguste leur ayant interdit l'accès de l'Égypte) faisaient la remontée du Nil à l'instar de César et Cléopâtre. L'empereur Hadrien n'y manqua pas au début du IIe s. de notre ère.

En réalité, ces statues représentaient le pharaon Aménophis III et elles ont été élevées au début du XIVe s. av. J-C. Elles tournaient le dos au temple funéraire de ce pharaon et regardaient le Nil et le soleil levant. Lors de ses débordements, le fleuve montait jusqu'à la lisière du désert où avaient été érigées ces statues. Le temple lui-même, monument gigantesque, le plus grand des temples funéraires jamais construits, fut lentement détruit dès l'antiquité, ses pierres ayant été réutilisées pour la construction d'autres monuments. Si l'on en juge par la merveille qu'est le temple de Louxor, construit pour le même roi par le même architecte, Amenhotep fils d'Hapou, on ne peut avoir que bien des regrets d'une telle perte.

Statues of Memnon at Thebes, during the Inundation

FRAGMENT de COLOSSE au MEMNONIUM à THÈBES

Les personnages placés auprès de la statue colossale, abattue et partiellement détruite par les chrétiens dans l'antiquité, donnent la mesure de l'énormité de ce colosse. On a estimé son poids à un millier de tonnes et sa hauteur à dix-sept mètres. Il représentait le roi Ramsès II, assis : les colosses de Memnon peuvent nous donner une idée de ce qu'était cette statue.

Ce que les touristes des siècles passés appelaient le Memnonium, à la suite des historiens anciens, était le temple funéraire de Ramsès II, dont on peut encore voir d'importantes ruines dans la nécropole thébaine. Ce monument est maintenant appelé Ramesseum. Il est constitué par deux vastes cours à portiques suivies d'une salle hypostyle qui donne accès au saint des saints et à tout un ensemble de salles formant un véritable labyrinthe. Tout autour du temple étaient construits des magasins, des habitations, des temples mineurs (consacrés à Séthi Ier, père du pharaon, et à Ramsès II lui-même) ainsi qu'un palais dont il ne reste que les traces. La plupart de ces constructions étaient en briques crues, comme on peut encore le voir dans les ruines des magasins qui présentent des toitures en voûte.

Dans le fond de la gravure on reconnaît quatre piliers dits osiriaques : il s'agit de statues de Ramsès II, accolées chacune à un pilier, où le roi est identifié à Osiris, dieu des morts et de l'Amenti (le paradis occidental) en qui s'identifiaient les défunts. Ces piliers sont encore visibles dans la seconde cour, à droite du pylône. La tête de statue qu'on distingue sur l'extrême gauche était celle d'un autre colosse de Ramsès disposé dans la salle hypostyle.

L. Haghe, lith.
David Roberts R.A.
Fragments of the Great Colossus, at the Memnonium. Thebes

GROUPE à l'ENTRÉE du TEMPLE d'AMON à GOURNAH

Ces villageois de Gournah, bourgade au pied de l'Assassif, dans la partie nord de la nécropole thébaine, montrent combien les vêtements des Égyptiens à l'époque de Roberts étaient variés et colorés. La galabieh, généralement bleue ou blanche, qui nous paraît si typique des fellahs et représenter une vieille tradition, était en réalité totalement inconnue des Égyptiens du siècle dernier. Le village de Gournah est encore bien vivant, construit sur une petite éminence, à l'abri de l'inondation.

Le temple lui-même, rarement visité par les touristes, était le monument funéraire de Séthi Ier, achevé par son fils Ramsès II et consacré à Amon-Rê.

Des deux pylônes successifs qui donnaient chacun accès à une cour, il ne reste plus que des éléments insignifiants. En revanche il subsiste des ruines importantes de la colonnade de façade, dont on voit une partie sur la gravure, derrière laquelle s'ouvrait le sanctuaire tripartite. La porte centrale donnait accès à une petite salle hypostyle de six colonnes sur laquelle s'ouvrait le saint des saints (naos) d'où l'on accédait à une salle pourvue de quatre piliers.

Les deux portes latérales de façade, sous le portique, donnaient l'une (au nord) sur une cour à portiques très ruinée, et l'autre (au sud) sur une chapelle hypostyle consacrée par Séthi à son père Ramsès Ier.

ENTRÉE de la VALLÉE des ROIS
(Biban el-Molouk)

Le touriste qui a visité, un siècle et demi après le passage de David Roberts, cette "Vallée des Rois" grouillante de touristes, close par des grilles, cimentée, défigurée par un "rest house", truffée de marchands de souvenirs, encombrée de cars et de voitures, ne peut que ressentir une profonde nostalgie à la vue du spectacle paisible que nous offre ici l'artiste. Il fit une première excursion dans le site le 22 octobre mais n'exécuta cette peinture qu'au mois de décembre suivant.

Malgré le titre qu'il donne à son œuvre, ce n'est pas à l'entrée de la vallée que Roberts s'était installé pour travailler, mais déjà plus en avant. Derrière lui, et en partie dans une vallée adjacente, se trouvent de nombreuses tombes appartenant à quelques-uns des derniers Ramsès et à des particuliers, car, contrairement à ce qu'on croit, plusieurs tombes ont été aménagées dans la vallée, qui n'ont pas un caractère royal, vers la fin du Nouvel Empire. Ainsi peut-on reconnaître sur l'extrême gauche les entrées des tombes de Ramsès X (XXe dynastie), Séthi Ier et Ramsès Ier. A l'extrême droite, celles de Mineptah, fils et successeur de Ramsès II, et de Ramsès VI, près de laquelle Howard Carter découvrit en 1922 celle de Toutankhamon, la seule à n'avoir pas été pillée.

Les rois de la XVIIIe dynastie ayant établi définitivement leur capitale à Thèbes, c'est dans le voisinage de leur capitale qu'ils se sont fait construire leurs tombes, dans cette vallée désertique. Thoutmosis Ier, le père de la célèbre Hatshepsout, a été le premier à s'y faire enterrer (vers 1512 av. J.-C.). Depuis, soixante et une nouvelles sépultures ont été aménagées dans les flancs de la montagne.

ntrance to the Tombs of the Kings of Thebes. Bab el Malouk
David Roberts R.A.
Haghe Lith.

RUINES du TEMPLE de MEDINET HABOU

Vers l'extrémité sud de la nécropole thébaine, Ramsès III, dernier grand roi du Nouvel Empire se fit construire son temple funéraire. Il y avait là une hauteur qui restait émergée lors de l'inondation du Nil, la colline de Djémé (dans les textes coptes c'est le nom d'un petit village établi en ce lieu). C'est là que, selon la tradition thébaine, s'étaient réunis les dieux lors de la création du monde. Ramsès III, qui mourut vers 1166 av. J.-C. avait choisi ce lieu sacré entre tous pour se faire bâtir non seulement son temple funéraire mais encore un palais où il s'était installé. De cet ensemble il subsiste des ruines grandioses, parmi les plus remarquables de l'architecture sacrée du Nouvel Empire.

Lorsque triompha le christianisme et que toute autre religion fut interdite dans l'empire romain, à la fin du IVe siècle et au début du siècle suivant, les moines établis aux environs s'emparèrent du temple et construisirent une basilique dans la seconde cour. Ils couvrirent de plâtre les anciens murs avec les représentations qui y étaient gravées, grâce à quoi elles nous ont été parfaitement conservées. Ce sont les ruines de cette basilique avec ses colonnes unies monolithiques, sans doute arrachées à des constructions romaines voisines, que David Roberts a représentées ici. Quelques-unes de ces colonnes sont encore debout, couronnées de leurs chapiteaux composites. Ces éléments adventices ont été évacués à la suite des travaux entrepris dans le temple par Mariette et ensuite par des archéologues français, puis, à partir de 1920 par les membres de l'Oriental Institute de l'Université de Chicago.

Medinet Abou
Thebes Dec. 5th

INTÉRIEUR du TEMPLE d'ESNEH
En haute Égypte

Du temple d'Esneh, à une soixantaine de kilomètres au sud de Louxor, sur la rive gauche du Nil, il ne subsiste plus que la salle hypostyle. Il fut mis en chantier à l'époque Ptolémaïque (IIe s. av. J.-C.), mais la salle aux colonnes n'a été construite qu'au Ier siècle de notre ère, sous les empereurs Tibère, Claude et Vespasien. Les parois de la salle et les fûts des colonnes sont surchargés d'inscriptions et de figures, trait caractéristique de la décadence de l'art traditionnel pharaonique.

Le principal intérêt du monument réside dans la représentation zodiacale du ciel qui recouvre ses plafonds.

Les temples antiques, bien clos et construits en pierre, étaient pour les arabes d'agréables lieux de repos où ils trouvaient une certaine fraîcheur, comme on peut le voir sur cette gravure. L'accumulation des alluvions et des terres apportées par les vents du désert ont fait que la ville actuelle d'Esneh se trouve à une dizaine de mètres au-dessus de la base du temple. Méhémet Ali, au début du XIXe siècle, en avait fait un dépôt de coton, et il fut ensuite utilisé comme arsenal. Les travaux de dégagement entrepris par les services archéologiques ont mis le sol extérieur au niveau du sol intérieur, ce qui a permis de retirer l'escalier qu'on voit sur la gravure. Pareillement, les murets intérieurs, d'époque arabe, ont été détruits, rendant à la salle l'aspect qu'elle avait dans l'Antiquité.

Temple at Esneh Nov. 25th 1838
David Roberts R.A.

Le TEMPLE d'EDFOU
Ancien Apollinopolis

La construction de ce temple a commencé sous Ptolémée III en 237 av. J.-C. et s'est terminée deux siècles plus tard, sous Ptolémée XIII Aulète, le père de Cléopâtre. Il remplaçait un très ancien sanctuaire remontant pour le moins à Thoutmosis III. C'est, parmi les temples subsistants, le plus élégant, le plus parfait, le mieux conservé avec celui de Dendérah. C'est aussi le plus grand après celui de Karnak. Monument grandiose et magnifique avec une longueur de 137 m et un pylône large de 79 m et haut de 36 m, ce qui lui confère des proportions parfaites. Cette unité est due à l'architecte qui en a dressé les plans, lesquels ont été suivis par ses successeurs. C'est l'un des rares architectes égyptiens dont le nom nous ait été conservé : il s'appelait Imhotep, comme le célèbre architecte et ministre de Djeser à qui on doit la pyramide à degrés de Sakkarah.

Edfou, de son nom égyptien Deb, était la capitale d'un nome ; sa divinité tutélaire était un dieu faucon qui fut identifié avec la divinité dynastique, Horus. C'est à ce dernier qu'est consacré le temple, aujourd'hui encore admirablement conservé au point qu'on croirait à tout moment voir passer les grandes processions du dieu avec ses prêtres vêtus de blanc.

Cette gravure montre l'aspect du temple avant son dégagement. On peut voir combien les sables du désert l'avaient enseveli, nous le conservant ainsi dans toute sa perfection. Mais, dans cette désespérance et ce désert, il avait alors bien du charme.

Temple of Edfou_ancient Appolinopolis_Upper Egypt
L. Haghe Lith
David Roberts R.A.

TEMPLE d'EDFOU
Vue depuis le portique

Bien qu'il ait été presque entièrement enseveli, même dans ses parties intérieures, lorsqu'il le visita le 26 octobre (mais il n'y séjourna et n'exécuta ses peintures qu'entre le 22 et le 24 novembre 1838) David Roberts manifesta son enthousiasme devant la magnificence du monument; il le trouva même plus beau ainsi à demi enseveli et il évoqua à son propos les représentations des monuments romains par Piranèse: "le plus beau temple d'Égypte, écrit-il dans son Journal... Dans quelque situation qu'on se place pour le regarder, il offre un véritable tableau. Il a de l'ampleur dans toutes ses parties, ses piliers sont grands, massifs, mais d'une forme exquise. Bien qu'il soit à demi enseveli il est plus beau ainsi que s'il était dégagé et il me rappelle les gravures que fit Piranèse du forum de Rome". Et il est bien vrai que cette vue de la grande cour qu'a éternisée Roberts nous donne le sentiment de l'élégance et de la beauté du monument.

Le temple était alors devenu, non seulement un habitat des fellahs de la région, mais la grande cour avait été entrecoupée par des murs, sur l'ordre de Méhémet Ali, le vice-roi d'Égypte, pour y faire des entrepôts à grains. La vue est prise depuis la première salle hypostyle du temple: au fond on distingue parfaitement la porte et la face intérieure du pylône, entièrement couverte de gigantesques représentations de personnages royaux et divins.

David Roberts R.A.
View from under the Portico of Temple of Edfou _ Upper Egypt
L. Haghe Lith.

PORTIQUE du TEMPLE d'EDFOU
Haute-Égypte

On peut reconnaître sur cette gravure le haut de la façade de la première salle hypostyle du temple vue depuis l'est. C'est au bas de la porte dont on aperçoit le haut des montants sortant du sable, qu'ont été rendus au jour les deux belles statues colossales du faucon couronné qui restent encore les gardiens de l'entrée.

Ce remplissage naturel de sable peut aussi nous donner une idée de ce qu'était un temple égyptien en construction: ainsi remplissait-on de sable les parties construites pour accéder aux parties supérieures restant à élever; les artistes se trouvaient ensuite de plain-pied avec les parties architecturales à décorer.

On peut aussi constater qu'on avait construit sur ses toitures faites de dalles de pierre, des demeures en boue qui nous donnent l'échelle de la taille gigantesque du monument. Auguste Mariette, premier directeur des Antiquités de l'Égypte, entreprit de faire dégager le temple au cours des années 1860.

Sur ce dessin Roberts a fidèlement reproduit la variété et la complexité des chapiteaux, tous différents, des sculpteurs antiques.

1838
David Roberts R.A. L. Haghe lith.

HADJAR SILSILEH
ou le ROC de la CHAINE

Lorsqu'on remonte le Nil et qu'on va d'Edfou vers Kom Ombo, on ne prête que peu d'attention à ce passage du fleuve où les deux falaises opposées, l'occidentale et l'orientale, se rapprochent, formant une sorte de gorge : c'est le Djebel Silsileh des arabes ("Montagne de la Chaîne"), qui doit son nom à une légende selon laquelle le fleuve aurait été en ce lieu barré par une immense chaîne tendue entre deux rocs afin de contrôler le passage sur le Nil.

Le Silsileh était pour les anciens Égyptiens la plus importante des carrières qui leur fournissaient le calcaire pour leurs nombreuses constructions. Il y avait, sur la rive droite, une localité appelée Khonou, qui, sous le Moyen Empire, était le siège d'une célèbre école de scribes. Il en subsiste encore quelques ruines. Sur la rive opposée se trouve une chapelle rupestre, le spéos d'Horemheb, consacrée à ce roi, le dernier de la XVIIIe dynastie.

Dans ce site d'une grande beauté, Roberts a saisi sur le vif des dahabieh aux voiles doubles qui évoluent gracieusement sur le fleuve et, surtout, ces deux fellahs à demi nus qui puisent l'eau du Nil à l'aide d'un chadouf : scène qui évoque irrésistiblement le monde antique, au point qu'il semblerait que ni le christianisme, ni l'islam n'aient encore sévi et détruit ce monde d'harmonie qu'était l'Égypte pharaonique.

RUINES du TEMPLE de KOM OMBO

Quoique à peu près contemporain de celui d'Edfou, son voisin, le temple de Kom Ombo a souffert du temps et il a été beaucoup moins bien conservé. Lorsque David Roberts le visita, le 28 octobre 1838, les éléments subsistants étaient en grande partie ensevelis. Nous apprenons, par ses carnets, qu'il faisait alors une chaleur étouffante et que les crocodiles se prélassaient en toute quiétude sur les berges du fleuve. Néanmoins il reconnaît que l'approche du temple est l'une des plus admirables qu'il ait vues sur les rives du Nil. Les travaux de dégagement, entrepris à partir de 1893, nous ont restitué un très bel ensemble qui domine toujours la rive du Nil, à peu de distance du fleuve.

C'est un temple double, exceptionnel dans l'Égypte antique, consacré à deux divinités: Sobek, le dieu crocodile et Haroéris, dieu à tête d'épervier lui aussi identifié à Horus (son nom de Haroéris signifie Horus l'aîné, ou l'ancien). La vaste cour d'entrée elle-même est pourvue d'une porte double, ainsi que les deux salles hypostyles qui lui succèdent. Une suite de doubles nefs conduit aux deux chapelles contiguës consacrées l'une à Sobek, à sa parèdre Hathor et à leur fils Khonsou, l'autre à Haroéris, à la déesse Sentnofrit (dont le nom signifie "la bonne sœur") et à leur fils Panebtaoui ("Le maître du Double-Pays", c'est-à-dire la haute et la basse Égypte).

Kom Ombo
Nov. 21st 1838.
David Roberts, R.A.

ASSOUAN et
l'ILE d'ÉLÉPHANTINE

Assouan, en aval de la première cataracte, est la porte de la Nubie. Son nom actuel perpétue la forme antique de son nom égyptien, Souanou, dont les Grecs avaient fait Syène. La cité la plus ancienne, celle qui, à l'époque pharaonique était la capitale du Ier nome de haute Égypte, était bâtie sur l'île d'Éléphantine où la présence du fleuve la protégeait des attaques des nomades nubiens. Éléphantine a conservé sa forme grecque qui n'est que la traduction du nom égyptien, Abou, terme désignant l'éléphant. C'était, dans la haute antiquité, le premier marché de l'Égypte face à la Nubie d'où venaient l'or, les bêtes fauves, les singes et les défenses d'éléphants. Syène n'était alors que l'entrepôt d'Éléphantine.

Cette vue que nous donne Roberts est bien éloignée de la vision que nous avons de l'actuelle Assouan devenue une importante ville au bord d'un fleuve sur lequel évoluent les gracieuses felouques. Le village indigène d'Assouan, sur la rive gauche, se trouvait sur les flancs de la hauteur au haut de laquelle a été construit l'hôtel des Cataractes à l'époque de l'occupation britannique, vers la fin du siècle dernier. De la ville antique d'Éléphantine il ne subsiste que peu de chose, seulement, à l'extrémité sud de l'île, quelques bases de monuments. Néanmoins on peut reconnaître sur la gravure les maçonneries du nilomètre qui reste encore l'un des buts de la visite de l'île, maintenant occupée par trois villages de nubiens qu'on appelle aussi des "barbarins".

David Roberts R.

L'ILE de PHILAE
Vue générale

Roberts s'était installé sur l'île de Bigeh, appelée par les anciens Égyptiens Senemt, pour représenter le magnifique paysage qui se déployait devant lui. On voit au premier plan les ruines d'un petit temple d'époque ptolémaïque transformé en église par les chrétiens victorieux. Dans le bas, au bord de l'eau, une noriah, dont le bras était généralement mu par un âne, élevait l'eau du Nil jusqu'au niveau de l'île. Au-delà, les monuments de Philae se révèlent dans une splendeur qu'ils ont en partie perdue depuis un siècle et demi.

Après la construction du barrage de 1899 terminé en 1902 et rehaussé en 1907 et en 1932, l'île de Philae est restée immergée dix mois sur douze. Elle ne ressurgissait des eaux qu'aux mois de juin et juillet, avant que les nouvelles crues qui remplissaient le réservoir ne la submergeassent à nouveau. On ne voyait plus alors que les parties hautes du temple autour desquelles on venait se promener en barque, promenade au plus haut point romantique au cours de laquelle les barques glissaient sous les plafonds des salles inondées. Loti a longuement pleuré sur la *mort de Philae* et non sans raison.

Le dernier haut barrage a finalement englouti aussi bien l'ancienne île de Philae que celle de Bigeh. Et les monuments que nous pouvons actuellement visiter ne sont jamais que ceux qui ont été démontés pierre par pierre et remontés sur un îlot voisin, plus élevé, celui d'Agilkia, car en réalité, l'antique Philae a été sacrifiée à de dangereux impératifs économiques.

La COUR à PORTIQUE du TEMPLE de PHILAE

L'île de Pilak, dont les Grecs ont fait Philae, était l'un des lieux les plus saints de l'ancienne Égypte. Une petite chapelle était consacrée à la déesse Isis, épouse d'Osiris le dieu du monde inférieur et de la végétation, et mère d'Horus. Sous les Ptolémées ce petit sanctuaire fut remplacé par le vaste et magnifique temple dont les ruines d'une beauté exceptionnelle sont parvenues jusqu'à nous. Elles nous donnent la mesure de la richesse du clergé d'Isis, la déesse étant alors devenue la plus populaire des divinités Égyptiennes dont le culte, avec ses cérémonies secrètes appelées "mystères", s'est bientôt répandu à travers tout l'empire romain.

L'engloutissement de l'île sur laquelle avaient été érigés ces monuments a fait disparaître la trace de tous les bâtiments alentours qui servaient de logement aux prêtres et aux pèlerins venus de toute l'Égypte et de bien plus loin encore.

Cette gravure nous montre le parfait état de conservation du temple d'Isis avant la mise en eau des divers barrages d'Assouan, et de la somptueuse cour d'entrée bordée par ses portiques. Le portique de gauche date des règnes d'Auguste et de Tibère, soit de la fin du Ier s. av. J.-C. et du Ier s. de notre ère ; celui de droite est resté inachevé. Au fond se dresse le double massif du pylône, large de 45,5 m et haut de 18 m. Le pharaon représenté sur le relief, en train de frapper les ennemis de l'Égypte, n'est autre que Ptolémée XI, Néos Dionysos (ou Aulète). On voit, sur l'extrême droite, les colonnades du kiosque de Trajan.

Grand Approach to the Temple of Philæ – Nubia
David Roberts R.A. – L. Haghe lith.

Le TEMPLE HYPÈTHRE de PHILAE
Appelé le lit du pharaon

"Hypætral temple", tel est le nom donné par David Roberts à ce monument, du fait qu'il était dépourvu de toit. Les indigènes lui donnaient le nom de "lit du pharaon". C'était l'un des monuments de l'Égypte ancienne les plus représentés et les plus admirés ("il est beau de tout côté" déclare Roberts), considéré comme un modèle de l'art pharaonique. Hélas, bien qu'il présente des caractères traditionnels évidents, il a été construit à l'époque de l'empereur romain Trajan, c'est-à-dire durant les deux premières décennies du IIe siècle de notre ère, à une époque où le véritable art pharaonique était déjà mort. Bien qu'inachevé, ce n'en est pas moins un beau monument inséré dans un paysage particulièrement flatteur. On peut y voir représenté l'empereur sous un aspect de pharaon, faisant des offrandes aux trois principales divinités de l'île: Isis, Osiris et Horus, la grande triade égyptienne.

Ce pavillon, couvert sans doute d'un toit en bois, servait d'abri à la barque sacrée de la déesse Isis. Sur cette barque était placée la statue de la déesse lorsqu'elle se rendait en procession sur le Nil, visiter les temples de la Nubie. Il semblerait que ce soit le souvenir de cette tradition qui s'est poursuivie jusqu'au Ve siècle de notre ère, les Blemmyes, population nubienne particulièrement belliqueuse, ayant adopté les mœurs et les croyances des Égyptiens et en particulier le culte d'Isis.

Le GRAND PORTIQUE du TEMPLE de PHILAE

Vue longitudinale (p. 74)

Vue de face (p. 75)

Ces vues fidèles de la salle hypostyle du temple d'Isis à Philae, au fond de laquelle s'ouvre le naos de la déesse, nous ont conservé l'état exceptionnel des peintures qui recouvraient toutes les parties hautes de l'architecture, mais aussi certainement les parties inférieures. Sir John Gardner Wilkinson, l'un des fondateurs de l'Égyptologie britannique, contemporain de David Roberts, admirait la luminosité et l'élégance de ces peintures et leur merveilleux état de conservation, confirmant ainsi la vision de Roberts. La mise en eau des barrages successifs, au début de notre siècle, a eu tôt fait de faire disparaître ces témoignages d'une création dans lequel se conjuguaient les trois arts dits majeurs, architecture, sculpture et peinture.

Pour représenter la première de ces vues, Roberts s'est placé au fond de la nef, sur le côté gauche de l'entrée de la salle hypostyle. On peut ainsi voir que cette partie du temple avait été aménagée en sanctuaire chrétien (à l'époque de l'empereur Justinien, au milieu du VIe s. de notre ère) comme en témoignent les croix coptes qu'on voit gravées sur les deux colonnes de droite et sur l'autel, au fond de la nef. L'état de conservation des représentations traditionnelles sur les murs et les colonnes ne laisse pas deviner combien l'ensemble du temple a souffert du fanatisme des chrétiens à l'égard des divinités de l'Égypte antique.

KALABSHA
Vue générale, en Nubie

Kalabsha, de son nom antique Talmis, était la principale bourgade de cette région tampon entre l'Égypte et les territoires du haut Nil que les Égyptiens anciens appelaient "Pays de Koush", lequel commençait au sud d'Abou Simbel. Cette région avait été appelée Dodécaschoene par les Grecs. Elle a été occupée par les Égyptiens dès l'Ancien Empire. Les Nubiens qui l'habitaient se rendaient indépendants chaque fois que faiblissait le pouvoir central, mais elle était réintégrée à l'empire dès qu'ils se rétablissait.

Aménophis II et Thoutmosis III ont les premiers fait bâtir un temple en ce lieu, à la fin du XVIe s. av. J.-C. Mais le temple qui a été peint par Roberts est le monument de la période grecque, remanié et agrandi à l'époque romaine. On peut voir sur cette gravure que c'était un magnifique monument, le plus grand de la Nubie et l'un des plus beaux qui subsistât. Il était consacré à une divinité nubienne, Mandoulis, représentée sur les parois du temple avec la coiffe à cornes d'Amon, en compagnie d'Isis.

Le site, avec le village indigène qui avoisinait le temple, a été englouti lors de la mise en eau du Haut Barrage. Le temple lui-même a été démonté par une équipe allemande aux frais de l'Allemagne fédérale, en 1962-1963 et reconstruit près du barrage. On peut le voir de loin, sur la rive gauche du Nil, mais son accès n'est pas permis aux touristes.

RUINES d'un TEMPLE sur l'ILE de BIGGÉH
En Nubie

L'île de Biggéh au sud-ouest de celle de Philae, dominait cette dernière. Son nom égyptien était Senemt. Selon un mythe, c'est là que se trouvait l'*abaton*, "la colline pure", lieu sacré où était enseveli Osiris. Nul profane ne pouvait pénétrer dans le temple, seuls les prêtres du dieu y avaient accès. Un silence total devait être conservé afin de ne pas déranger le dieu dans son sommeil. La tombe se trouvait dans un bois sacré dans lequel étaient disposées trois cent soixante-cinq tables d'offrande; chaque jour était versée une libation de lait sur une table différente, à l'âme *(ba)* du dieu.

Au milieu du IIIe s. av. J.-C. Ptolémée III Evergète fit construire un nouveau temple sur l'emplacement d'un ancien sanctuaire de la XVIIIe dynastie. Le temple fut à plusieurs reprises agrandi, jusqu'à l'époque de Cléopâtre, au milieu du Ier s. av. J.-C. Il fut ensuite transformé en une église chrétienne.

Ce sont les ruines de ce monument que David Roberts a représentées ici, avec les restes de sa porte voûtée et la porte du temple entre les deux colonnes. On distingue, au bas dans le lointain, le temple d'Isis de Philae avec son pylône et le kiosque de Trajan.

Cette île a été partiellement inondée lors de la mise en eau du grand barrage d'Assouan. Près des ruines du temple on peut encore voir des parties de statues d'Aménophis II et de Thoutmosis III (XVIIIe dynastie).

PORTIQUE du TEMPLE de KALABSHA

En Nubie

Comme le temple d'Edfou dont il était en partie contemporain, le temple de Kalabsha formait un ensemble clos d'une longueur de 71 m 60 sur une largeur de 35 m 50. La cour à portiques dans laquelle on pénétrait après avoir traversé la porte du pylône, avait une vingtaine de mètres de profondeur. Les colonnes des portiques qui entouraient la cour sur trois côtés ont été presque toutes abattues, sans doute à la suite d'un tremblement de terre : on en voit quelques-unes sur la gravure de Roberts. Le portique ici représenté donnait accès au pronaos formant une salle hypostyle. Entre les colonnes du portique sont disposés des panneaux couverts de représentations culturelles, selon un principe architectural propre aux temples de l'époque ptolémaïque.

Dans l'un des entrecolonnements du pronaos on peut lire en un grec peu littéraire, une inscription dans laquelle un nubien, Silko, roi des Nobates, converti au christianisme, se vante d'avoir infligé une défaite à d'autres nubiens, les Blemmyes. Il s'empara de leurs villes et fit ensuite la paix avec eux. C'est vers cette époque que le temple fut converti en église.

David Roberts R.A.

TEMPLE RUPESTRE de GYRSHE
En Nubie

A partir de la 1re cataracte, maintenant disparue, les rives du Nil restaient encore assez larges, formant des palmeraies pleines de charme. Après Dendour, à moins de 80 km au sud d'Assouan, la vallée se rétrécissait et n'offrait plus que des rives souvent désertiques où étaient piqués quelques palmiers. C'est dans ce paysage désolé, à 90 km d'Assouan, que se trouvait, sur la rive gauche du Nil, le petit village de Gerf Housein, à 3 km au sud de Gyrshe, village sur la rive droite du Nil dominé par une forteresse byzantine.

C'est là, près de Gerf Housein, que Setaou, "fils royal de Koush" (c'est-à-dire vice-roi de Nubie) fit creuser dans le roc de la falaise libyque un sanctuaire consacré à Ptah, le dieu étant représenté sous l'aspect du pharaon alors règnant, Ramsès II. Seule l'avant-cour du temple pourvue d'un pylône était construite : on y accédait par un escalier bordé de béliers couchés. Une partie de la cour était aménagée dans le roc.

Sur cette gravure Roberts a représenté les six colosses osiriaques, hauts de 8 m 50, adossés aux parois du pronaos, auquel on accèdait depuis la cour. Ces statues étaient des portraits de Ramsès II. De cette salle de plan carré de 13 m 70 de côté, on accédait à un vestibule orné de deux piliers sensés soutenir le plafond, et de là on parvenait au naos, le saint des saints, petite salle au milieu de laquelle était dressé un autel taillé dans le roc. Au fond de la salle étaient représentés en haut-relief Ptah, Ramsès II, Ptah Tatenen (il s'agit du dieu de Memphis Ptah identifié à Tatenen, la terre émergée lors de la création, divinisée) et Hathor.

Le temple a été englouti sous les flots du lac Nasser. Seuls quelques éléments des sculptures et des reliefs ont été sauvés et recueillis dans des musées.

D. Roberts R.A.

FORTERESSE d'IBRIM et ses ENVIRONS
En Nubie

Sur la rive droite du Nil, Kasr Ibrim dominait le Nil sur une hauteur qui fut longtemps disputée entre les maîtres de l'Égypte et les princes indépendants des tribus nubiennes. Depuis la colline haute d'une quarantaine de mètres on jouissait d'une magnifique vue sur le cours du Nil et le désert occidental. Les murs de la forteresse et les maisons du village, détruit et abandonné en 1812 lors de l'expédition dirigée par Ibrahim pacha, fils de Méhémet Ali, en Nubie et au Soudan, ne sont pas très anciens. Mais l'exploration archéologique a permis d'identifier les restes de constructions de l'époque gréco-romaine et en particulier d'un temple et d'une basilique transformée par la suite en mosquée. Au Moyen Âge le village fut occupé par les rois chrétiens des Nobates, peuple nubien du haut Nil, et il fut un temps un siège épiscopal.

Dans le flanc sud de la colline, cinq cavernes ont été aménagées en petits sanctuaires rupestres consacrés à diverses divinités égyptiennes sous les règnes de Thoutmosis III et de Ramsès II aux XVe et XIIIe s. av. J.-C.

La forteresse, appelée dans l'Antiquité Primis, avait été occupé par les troupes de la reine Candace lors de sa tentative de conquête de la haute Égypte sous le règne d'Auguste. Son préfet Pétronius en fit le siège en 27 av. J.-C. et traqua les Nubiens jusqu'au pied du Djebel Barkal, entre la troisième et la quatrième cataracte.

Dans la seconde gravure, saisie dans le voisinage d'Ibrim, l'artiste a rendu admirablement l'atmosphère des rives désolées du Nil dans cette partie de la Nubie où les nomades venaient faire boire leurs troupeaux, avec les élégantes embarcations qui s'y hasardaient. Celle qu'on aperçoit au premier plan, arborant un pavillon britannique, nous donne une idée de la felouque sur laquelle Roberts a effectué son long et difficile voyage.

TEMPLE de DAKKÉH

En Nubie

David Roberts était à Dakkéh le 14 novembre 1838 et il notait que c'était une exquise petite ruine, aussi bien par l'exécution de ses reliefs sculptés que par leur état de conservation. Il est vrai que c'était un monument très joliment proportionné, bien que non terminé, comme en témoignent sur la gravure elle-même les pylônes qui n'ont reçu aucune sculpture à l'extérieur.

Ce temple, consacré à Thot, est le seul parmi les temples nubiens à avoir été élevé en plein désert, et orienté vers le nord. En ce même lieu les rois du Moyen Empire (Amménémès I), et ceux du Nouvel Empire (Thoutmosis III, Séthi Ier) avaient élevé des sanctuaires qui furent remplacés par ce temple dont la construction fut commencée par un roi de Nubie, Arkamoun, appelé par les Grecs Ergamène, qui régnait vers la fin du IIIe s. av. J.-C. Les travaux furent poursuivis sous les Ptolémées et arrêtés à la fin du règne d'Auguste, au début de notre ère. Avant l'engloutissement du site, le temple a été démonté entre 1962 et 1968 et remonté près de Ouadi Es-Seboua.

Le nom antique de Dakké était Pi Selket, "demeure de la déesse Serpent Selkis", la Pselkhis des Grecs. C'est là que les légions romaines du préfet Pétronius défirent les armées de la reine éthiopienne Candace, l'an 23 av. J.-C.

TEMPLES d'ABOU SIMBEL

Vue depuis le Nil

Abou Simbel était le but du voyage vers le sud entrepris par David Roberts. Il y arriva le soir du 8 novembre et dès le lendemain il se mettait au travail tandis que ses compagnons poursuivaient leur route vers la deuxième cataracte et Ouadi Halfa d'où ils rentrèrent le 11 novembre. Roberts assure n'avoir eu aucun regret de ne pas les accompagner, mais nous pouvons penser que c'est dommage car son regard d'artiste nous aurait certainement conservé encore quelques merveilles maintenant disparues. Ce même jour, à la tombée de la nuit, il prenait le chemin du retour avec ses compagnons de route, visiblement satisfait de rentrer "vers la civilisation" comme il l'écrit dans son journal, en pensant à l'Égypte où il va encore séjourner plus de deux mois.

Le grand intérêt de cette vue d'Abou Simbel, c'est qu'on y voit les deux temples à leur emplacement originel, séparés par cette large coulée de sable qui avait en partie enseveli celui de Ramsès II, sur la gauche de la gravure. Sur la droite on reconnaît le petit temple de la déesse Hathor. Dans les niches de sa façade sont représentés, debout, Ramsès II coiffé des diverses couronnes royales, et son épouse Néfertari sous l'aspect de la déesse Hathor. Bien que ces statues paraissent petites en regard des colosses du grand temple voisin, elles n'en mesurent pas moins une dizaine de mètres de haut.

David Roberts R.A.
L. Haghe lith.

INTÉRIEUR du TEMPLE d'ABOU SIMBEL

Comme dans le temple de Gerf Housein, le pronaos de celui d'Abou Simbel est gardé par huit statues de Ramsès II formant autant de piliers osiriaques. Cette salle mesure 18 m. de profondeur et 16 m. 70 de largeur ; les statues atteignent près de 10 m. de hauteur. Les parois longitudinales sont couvertes de bas-reliefs dans lesquels on retrouve le grand thème sans cesse ressassé par ce pharaon : la bataille de Qadesh, sur l'Oronte en Syrie, que les Égyptiens ont livrée aux Hittites ; bataille indécise que Ramsès a transformée en éclatante victoire qu'il a représentée sur les murs de Karnak, du Ramesseum et ici.

Sur ce pronaos se greffaient plusieurs salles adventices à droite et à gauche, et au fond une porte donne accès à un vestibule pourvu de quatre piliers centraux. Il faut encore passer dans une salle rectangulaire ouverte par trois portes sur la précédente pour enfin parvenir au saint des saints, au plus profond du sanctuaire.

FAÇADE du GRAND TEMPLE d'ABOU SIMBEL *(p. 87)*

Ce gigantesque temple rupestre a été édifié par Ramsès II, au milieu du XIIIe s. av. J.-C. La façade, taillée dans le roc d'un éperon de la montagne occidentale, mesurait 33 m. de hauteur sur une largeur de 38 m. Le naos lui-même composé d'un ensemble de plusieurs salles, s'enfonçait dans la montagne jusqu'à une profondeur de 63 m. Les quatre colosses représentant le pharaon assis, ont été taillés directement dans le roc. Contre les sièges, aux pieds des colosses, sont représentés quelques-uns des membres de la famille royale, princes et princesses, première épouse divine (Néfertari) et la mère du pharaon. Dans la niche centrale, audessus de la porte, se dresse la statue de Rê-Harakhti, dieu-soleil à tête d'épervier. Les colosses mesurent une vingtaine de mètres de haut.

Le temple a été découvert en 1813 par le voyageur suisse Jacob Burckhardt. Il a été ensuite partiellement dégagé par l'aventurier et hydrolicien italien Belzoni, entre 1816 et 1817.

Lors de la construction du Grand Barrage, l'ensemble des deux temples a été découpé en tranches pour être reconstruit 64 m. plus haut sur la falaise libyque. Travail titanesque qui a duré entre 1964 et 1968, a coûté une quarantaine de millions de dollars et a permis de sauver une œuvre unique au monde, mais les monuments, retirés de leur contexte où ils accueillaient chaque matin le soleil levant depuis plus de trois millénaires, ont perdu la plus grande partie d'un charme incomparable.

David Roberts R.A.
L. Haghe lith.
Front Elevation of The Great Temple of Aboosimble – Nubia.

TOMBEAUX des CALIFES

L'un des "quartiers" les plus remarquables du Caire est ce qu'on appelle "la cité des morts", c'est-à-dire son cimetière. Il est situé au sud-est de la ville et constitue une véritable cité. L'ensemble est appelé par les arabes "al-Khalifa". Ville assoupie pendant la plus grande partie de l'année, elle s'animait lors de certaines fêtes où les familles venaient banqueter dans les mausolées. Depuis quelques années, cette "cité" est redevenue une ville des vivants, de nombreuses familles sans abri s'étant établies dans les demeures des défunts qui constituent souvent de véritables habitations, perpétuant en cela l'ancienne tradition funéraire de l'Égypte pharaonique.

Ce qu'il est convenu d'appeler "tombeaux des califes" ne sont que les mausolées de quelques-uns des Mamelouks circassiens qui ont régné en Égypte à partir de 1382. Le monument représenté ici est le mausolée de Qaïtbai, l'un des plus remarquables de la Cité des morts. Ces tombeaux étaient pourvus de mosquées : il en subsiste neuf pour l'ensemble des tombeaux des califes. Ils constituent d'élégants ensembles architecturaux avec minarets, cours souvent bordées de portiques, nombreuses salles adventices. Celui de Qaïtbai, construit en 1472, est considéré comme l'un des chefs-d'œuvre de l'architecture mamelouke, et il est vrai, il présente une grande perfection et un merveilleux équilibre dans ses proportions, son agencement et ses décorations. La tombe proprement dite où repose le corps du sultan se trouve dans une salle dont on voit la coupole sur la gravure. L'utilisation de la brique et de la pierre, constituant ainsi de larges bandes alternées, est caractéristique de cette architecture arabo-égyptienne qu'on retrouve dans de nombreux monuments de l'Afrique septentrionale et de l'Espagne musulmane.

Tombs of the Khalifs
Cairo

BAZAR des MARCHANDS de SOIERIES

C'est tout l'orient des Mille et une Nuits qui est évoqué dans cette gravure. En Égypte, comme dans la plupart des villes d'Orient, les différentes corporations de métiers disposaient d'une rue ou d'un bazar particulier. C'est là une tradition qui remonte très haut dans le passé. Ainsi, dans l'Égypte pharaonique, nous savons que certaines villes étaient partagées en quartiers occupés par des populations d'origines différentes (en particulier à la Basse Époque où une cité comme Naucratis avait un quartier propre à chacune des cités grecques qui commerçaient avec l'Égypte) et des rues spécialisées chacune dans un commerce déterminé : des bouchers, des orfèvres, des travailleurs du cuir, etc...

De ces grands bazars de l'Égypte musulmane, il ne subsiste plus que le célèbre Khan el-Khalili fréquenté par les touristes, autour duquel on peut encore voir quelques rues commerçantes où viennent s'approvisionner les Cairotes. La vision que nous donne ici David Roberts de ce bazar établi devant ces somptueux monuments ne peut que nous faire rêver et regretter un temps d'opulence déjà lointain.

MOSQUÉE du MOURISTAN

Cette "mosquée du Mouristan" offre encore une autre vision de ce Caire du siècle passé qui a tant enchanté les voyageurs de ce temps. David Roberts parle de la "nature extraordinairement pittoresque des rues et des monuments" de la ville qu'il déclare "merveilleuse entre toutes", et il n'est pas le seul de cet avis.

Toute une vie paisible et pourtant intense y est restituée, dans ces rues bordées de maisons magnifiques pourvues de ravissants moucharabieh en bois finement ciselés.

On voit dans le fond le minaret de la mosquée de l'ensemble architectural appelé Mouristan Kalaûn, situé dans l'actuelle rue Mouizz Lidin Illah. Sa construction a été entreprise sous le règne d'al-Mansur Kalaûn en 1285 et terminée sous celui de son fils al-Nasser, en 1293. L'ensemble comprend une mosquée, le mausolée du fondateur, et un mouristan, c'est-à-dire un hôpital.

VUE du CAIRE

Lorsque David Roberts y séjourna, le Caire s'offrait encore avec l'éclat d'une beauté ravagée mais non défigurée. Si nombre de monuments commençaient à tomber en ruine, si les rues étaient déjà envahies par cette sombre et impalpable poussière apportée du désert, parsemées d'ordures et hantées par des bêtes faméliques, la crasse moderne et les constructions informes en béton n'avaient pas encore envahi cette ville devenue l'une des mégapoles du tiers monde.

Le Caire a été construite sur la rive gauche du Nil, entre le fleuve et la colline du Mokkattan, en face de Gizeh. Il y avait là, dans l'antiquité, un petit village appelé Babylone d'Égypte, à l'emplacement de la ville copte, autrement appelée le vieux Caire, en bordure du Nil. Les rives du fleuve étaient là bordées par une forêt basse de roseaux et de papyrus et, au-delà, vers l'est, s'étendait un désert où les Égyptiens allaient chasser et recueillir du miel sauvage. C'est auprès de cette première agglomération que les Arabes ont construit la cité destinée à devenir la capitale de l'Égypte. Aussi, le Caire est une ville entièrement arabe, et comme l'Égypte était l'un des plus riches et puissants royaumes de l'orient islamique, le Caire s'est couverte de mosquées et de monuments magnifiques, dans une architecture originale, tout en conservant les formes traditionnelles de l'art islamique.

Sur cette gravure on aperçoit dans le lointain les pyramides et, au premier plan, les tombes des Mamelouks, au pied de la citadelle de Saladin. Au milieu, dans le lointain, on reconnaît les minarets des mosquées Sultan Hassan et Rifai.

Cairo looking West

CRÉDIT PHOTOGRAPHIQUE

Victoria et Albert Muséum:
Pages 12, 16, 22, 28, 34, 36, 40, 42, 45, 48, 56, 58, 60, 66, 68, 70, 76, 78, 80, 82, 84, 86, 88, 90, 92.

Édimédia:
Pages 14, 18, 20, 24, 26, 30, 32, 35, 38, 44, 46, 50, 52, 54, 62, 64, 72, 75, 87.

Plancher:
Page 74.

Couverture:
Victoria et Albert Muséum.